DAS BUCH, DAS WIRKLICH NICHT GELESEN WERDEN WOLLTE

DAVID ★ SUNDIN

Hallo zusammen! Ich will euch einen kleinen Tipp geben.
Nehmt lieber ein anderes Buch. Ich glaube WIRKLICH,
dass dieses hier zu schwierig für euch ist.
Ich werde nicht sauer oder so, nehmt einfach ein anderes Buch.

mvgverlag

ES WAR EINMAL ein Kind, das wollte, dass ein Er-wachsener ihm ein Buch vor-liest. Aber das Buch, das sich das Kind ausgesucht hatte, erwies sich als *magisch-albernes* Buch, das

WIRKLICH

NICHT GELESEN WERDEN WOLLTE.

Das Buch machte Probleme und trickste
herum, mehr als ein Buch je zuvor. Und es
war dieses Buch. Also seid vorbereitet –
es kann alles Mögliche passieren.

JETZT STARTEN wir!

NOCH NICHT.

Aber jetzt.

Ganz bald ...

Jetzt!

Alles begann damit, dass das Buch
zu Ende ging.

»ENE MENE
MAUS, DA WAR DAS
MÄRCHEN
AUS«

»Aha, jetzt ist das Buch zu Ende«, sagte
der Erwachsene. »Ein schönes Buch war
das! Aber ein bisschen kurz. Was willst du
jetzt machen?«

»Da sind noch viele Seiten übrig.
Lies weiter!«, bat das Kind.

»Bist du sicher? Nicht, dass
etwas Schreckliches passiert«,
sagte der Erwachsene.

»Jetzt lies einfach!«, drängelte
das Kind. »Es wird NICHTS passieren.«

TSCHÜSS!

NICHT nett!
DAS DARF MAN *NICHT* MACHEN!

Das Buch versuchte, auch nach dem KIND zu schnappen, aber der Erwachsene hielt das Buch ganz **FEST,** sodass es nicht nah genug herankam.

SCHNAPP!

SCHNAPP!

SCHNAPP!

Der Erwachsene streichelte das Buch und
sagte: »Ganz ruhig, Buch, ganz ruhig ...«

UND SCHLIESSLICH
versprach das Buch,
mit dem Beißen aufzuhören.

Wenn ...

RU

... der Erwachsene *versprach*, jedes zweite Wort zu *flüstern* oder zu RUFEN.

Flüstern ...

RUFEN

Flüstern ...

FEN

DAS *war* JA *völlig* VERRÜCKT! *Der* ERWACHSENE *fand* ES *sehr* ANSTRENGEND, *ein* BUCH *zu* LESEN, *das* NICHT *gelesen* WERDEN *wollte*.

Seufz.

Da tauchte eine große, supercoole Maschine
auf! Leider verwandelte sie alle S in F ...

Oh nein!

Jetzt wurde ef fchwierig. Wie foll man
daf Buch jetzt lefen können?
Daf klingt ja total befcheuert.
Ftell dir vor, man will fagen, daff man
Luft auf Falat hat?
Oder auf Fpaghetti Bolognefe?
Daf ift ja eine Kataftrophe ...

Daf Kind lachte nur.

»FCHLUFF!«

»Fchluff jetzt! Hör fofort
auf zu lachen!«,
fagte der Erwachfene.
»Nee. Jetzt lefen wir auf der
nächften Feite weiter.«

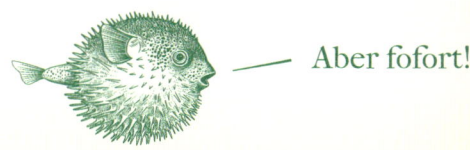

— Aber fofort!

Da kam ein Bild von einem ...

MONSTER!!!

Der Erwachsene bekam ANGST!
Aber das wollte er nicht zugeben.

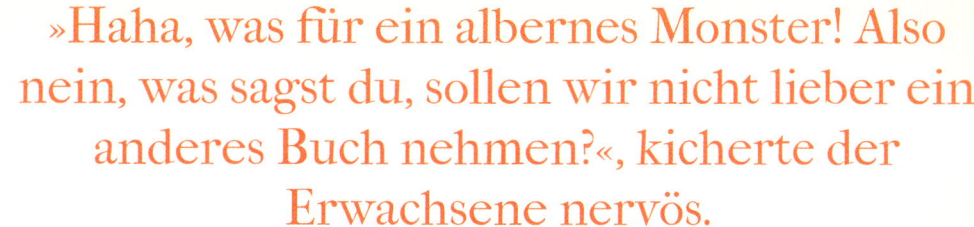

»Haha, was für ein albernes Monster! Also nein, was sagst du, sollen wir nicht lieber ein anderes Buch nehmen?«, kicherte der Erwachsene nervös.

»Ganz ruhig, es gibt keine Monster«, sagte das Kind.

»Bist du sicher?«, fragte der Erwachsene.

»Ja, ich bin mir WIRKLICH absolut sicher«, sagte das Kind.

»Okay ... Na ja, dann ... dann lesen wir eben weiter«, murmelte der Erwachsene.

Und ein ungewöhnliches Kaninchen.

NA SOWAS!

Jetzt ist das Buch so rum hängengeblieben.

Dann tauchte eine ganz gewöhnliche Ente auf.

Nun wurde es so **richtig** schwierig! Jetzt kamen nämlich neue Wörter in das Buch geflaggert. *Pleude* und SCHMASSEL durcheinander in einem großen *kollen* Glub. Lorem ipsum und dolor! Borf! Fünfflundert Baninchen! Und ein riesenkloßer Bingosaurus. Der klößte, den man jermals glesehen hat. Meine Lüte! Dieses Buch ist ja WIRKLICH unwortlich – sogar für einen Erwachsenen!

Aber ... was war das für ein Grummeln?

Das war ein ...

Das war ein ...

WORT

Das Buch begann zu *RÜTTELN*

und zu HÜPf e n!

Alle Buchstaben

S prangen herum

BEBEN!

Das Monster fiel aus dem Buch heraus.
Und dem Erwachsenen F I E L fast das Buch
herunter!!!

Dann war da auf einmal

SCHLECHTES NETZ

LESEN BEENDET!

»Hallo, ein Buch braucht doch gar kein WLAN!«, murrte das Kind. »Das Buch will dich nur *aus-tricksen*! Lies weiter!«

Aber dann stand da, dass das *Buch*
ABSOLUT NIE
trickst!

Was?

Kann das Buch etwa die Leute hören, die es lesen?

»Das Buch ist verrückt«,
flüsterte der Erwachsene dem
Kind ins Ohr.

 BER DAS BUCH hörte auch **DAS**.
Es wurde so *sauer*, dass es sich
in einen Hut verwandelte!

Der Erwachsene setzte sich das Buch auf
den Kopf und sagte:

»Ich habe einen neuen Hut gekauft.
Er hat 80 Euro gekostet.«

»Ein sehr schöner Hut. *Wirklich*«,
sagte das Kind. Dann lasen sie weiter
im Hut.

DIE GESCHICHTE VOM
BÄREN *und der* GARNELE

»Oh, endlich eine normale Geschichte«, sagte der Erwachsene. Aber da begann das Buch Wörter durch Bilder auszutauschen.

Es war einmal ein , der hieß .

Plötzlich kam eine  auf einem .

 Willst du um die , fragte die .

Das kannst du dir doch 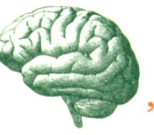, sagte der . Soll ich

einen  voller  mitnehmen?

dir lieber die Jacke zu, denn jetzt

ist es wirklich , mein ! Rein in die ,

dann wir zu und , sagte die .

Als sie nach kamen, war der voller .

Und dann

bis ans Ende ihrer Tage.

»Och nee, war das schwierig! Jetzt
blättern wir weiter zur nächsten Seite«,
sagte der Erwachsene.

DIESE SEITE WAR LEER.

WIRKLICH VÖLLIG LEER.

NICHT MAL EIN BILD VON EINER ORANGE WAR ZU SEHEN.

UND DANN WAR DAS BUCH TATSÄCHLICH ZU

UND ZWAR ERNSTHAFT!

Oder ...?

War es das wirklich?

NEIN

Das Buch war _wirklich_ nicht zu Ende!

Jetzt hatte das Buch alle *Gefühle* durcheinandergebracht!

Zuerst las der Erwachsene mit seiner
ALLERTRAURIGSTEN Stimme:

»ICH ESSE *total*
GERN EIS.«

Dann las er mit seiner ALLERWÜTENDSTEN
Stimme:

*»ICH HAB DICH SO UNGLAUBLICH
LIEB! MEIN SCHÄTZELCHEN!«*

Dann las er mit seiner
ALLERWÜTENDSTEN Stimme:

**»ICH HAB DICH
SO UNGLAUBLICH
LIEB! MEIN
SCHÄTZELCHEN!«**

Und zuletzt ...

mit seiner ALLERGRUSELIGSTEN Geisterstimme:

»ICH HAB MIR IN DIE HOSE GEPIESELT.«

»Also nein, jetzt muss das Buch sich aber mal
zusammenreißen«, sagte der Erwachsene.

Und da **RISS** das Buch sich tatsächlich *zusammen* und wurde ein bisschen mehr wie ein normales Buch.

Man soll jeden Tag etwas Neues lernen, stand im Buch.

»HAST DU *HEUTE* ETWAS NEUES GELERNT?«, fragte der Erwachsene das Kind.

Wenn das Kind nichts Neues gelernt hatte, **MUSSTE** der Erwachsene etwas erzählen, das das Kind noch nicht wusste.

Oder über einen
Verwandten?

Vielleicht etwas
über Haie?

Vielleicht etwas über
den Erwachsenen, als
er noch klein war?

Oder etwas darüber, wie
der Körper funktioniert?

Vielleicht etwas
über ... Ja, was denn?

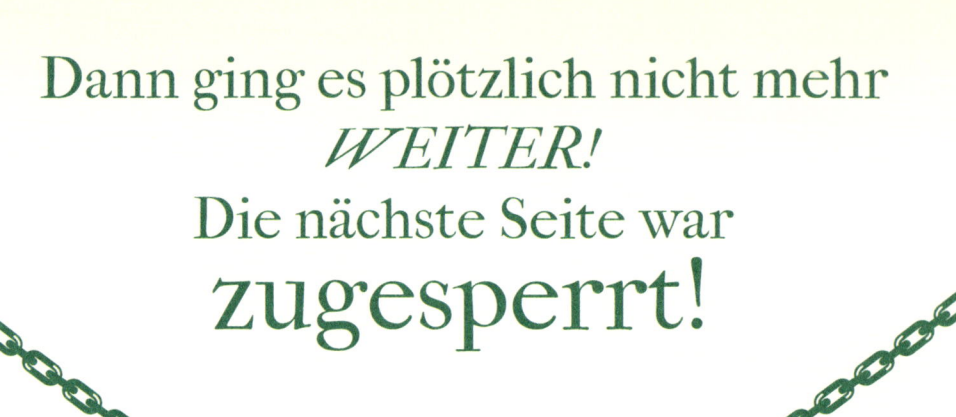

Dann ging es plötzlich nicht mehr
WEITER!
Die nächste Seite war
zugesperrt!

Der Erwachsene und das Kind konnten
nicht weiterblättern, bevor sie nicht

DIE NEUN *MAGISCHEN* SCHLÜSSEL

gefunden hatten, die sich im Buch versteckten.

NA LOS, SCHNELL ZURÜCKBLÄTTERN
UND SCHLÜSSEL SUCHEN!

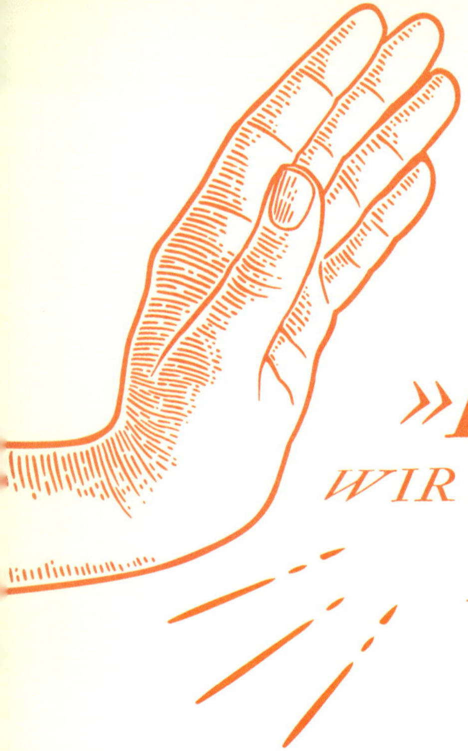

»HURRA!
WIR HABEN ES GESCHAFFT!«

Das Kind und der Erwachsene
klatschten in die Hände.

Das Buch knurrte leise.
Knurr, knurr.
Jetzt war das Buch ja doch gelesen worden,
obwohl es das *WIRKLICH* nicht wollte.

————————————

Aber so kann es gehen ...
Manchmal muss man eben etwas machen,
das man nicht will. Wie zum Beispiel
Zähneputzen.

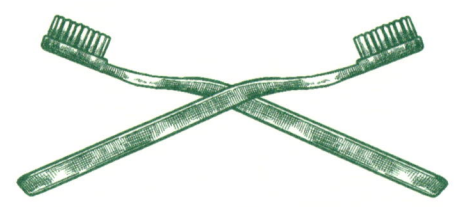

DANN SAGTE DER ERWACHSENE ZUM KIND:

»Vergiss nicht, dass du wunderbar bist, so wie du bist. Bleib immer DU SELBST.

ICH HAB DICH LIEB, egal, was ist und für immer.

WIRKLICH,

KÜSSCHEN.«

Traut ihr euch, ein *anderes* Buch zu lesen, das auch *nicht* gelesen werden will?

1. Auflage 2022 © 2022 by mvg Verlag,
ein Imprint der Münchner Verlagsgruppe GmbH
Türkenstraße 89 | 80799 München
Tel.: 089 651285−0 | Fax: 089 652096

Die schwedische Originalausgabe erschien 2020 bei Bonnier Carlsen
unter dem Titel *Boken Som Verkligen Inte Ville Bli Läst*. © 2021 by David Sundin.
All rights reserved. Published by agreement with Salomonsson Agency.

Übersetzung: Julia Gschwilm
Redaktion: Annett Stütze
Umschlaggestaltung: Manuela Amode, dem Original nachempfunden
Umschlagabbildung, Layout und Illustrationen: Caroline Linhult,
nach der Idee von David Sundin
Illustriertes Porträt von David Sundin: Fredrik Tjernström
Satz: Müjde Puzziferri, MP Medien, München
Druck: Graspo CZ, Tschechische Republik
Printed the EU

ISBN Print 978-3-7474-0381-5
ISBN E-Book (PDF) 978-3-96121-768-7
ISBN E-Book (EPUB, Mobi) 978-3-96121-769-4

Weitere Informationen finden Sie unter
www.mvg-verlag.de
www.m-vg.de

Wir produzieren nachhaltig
www.m-vg.de